# Inhalt

**Fonds-Ratings - welche Entscheidungshilfe bieten sie wirklich?**

Kernthesen

Beitrag

Fallbeispiele

Weiterführende Literatur

Impressum

# Fonds-Ratings - welche Entscheidungshilfe bieten sie wirklich?

*G.Dengl*

## Kernthesen

- Bei der großen Anzahl von Fondsprodukten, die derzeit am Markt angeboten werden, ist es insbesondere für private Anleger schwer, den Überblick zu behalten, bzw. die Performance einzelner Fonds treffend zu beurteilen. Fonds-Ratings, die von verschiedenen Anbietern bereitgestellt werden, sollen für Transparenz sorgen und die Anlageentscheidung vereinfachen.
- Aufgrund der unterschiedlichen Bewertungsansätze unterscheiden sich die Ratings verschiedener Agenturen für

denselben Fonds oft erheblich ("Split-Rating"). Für den Anleger stellt sich die Frage, welche Art von Ratings für ihn interessant ist, und welchen Informationsgehalt die ihm vorliegenden Ratings überhaupt haben.
- Aktuelle Vergleichsrechnungen belegen, dass rein quantitative Ratings, über die letzten Jahre betrachtet, nicht zuverlässig rentable von unrentablen Fonds unterscheiden konnten. Rating-Agenturen versuchen deshalb für die aufwändigeren qualitativen Ratings zu werben; deren Prognosegüte gilt es noch, unter Beweis zu stellen.

# Beitrag

Die aktuell über 10.000 Fonds, die derzeit am Markt angeboten werden, machen es insbesondere privaten Anleger schwer, den Überblick zu behalten. Fonds-Ratings sollen hier die Orientierung erleichtern, doch allzu oft schaffen sie noch mehr Verwirrung, da jede Agentur ihre eigenen Bewertungsansätze verwendet, wodurch es zum "Split-Rating" kommt.

# Fonds-Ratings sind wichtig für den Vertrieb von Fondsprodukten

Mit den Ratings von Fonds kommen potentielle Investoren sehr früh in Berührung. In der Regel werben Fonds mit ihrem guten Rating-Ergebnis und wollen sich so von der Konkurrenz abheben, die entweder für den entsprechenden Zeitraum ein schlechteres oder gar kein Rating aufweist. Die scheinbare Genauigkeit und die statistische Grundlage für Ratings bindet rasch die Aufmerksamkeit des potentiellen Investors. Tatsächlich kommen Ratings von seriösen Agenturen in einem aufwändigen Prozess zu Stande, nichtsdestotrotz stellen sie in der Hauptsache eine Aufarbeitung der Vergangenheit dar; d.h. dass die zukünftigen Aussichten bestenfalls über Annahmen enthalten sind, die dem Adressaten nicht unmittelbar klar sein dürften. (6)

# Verschiedene Arten von Fonds-Ratings

Während das herkömmliche Rating, z. B. für Unternehmen, sich auf die Ausfallwahrscheinlichkeit als Kreditnehmer bezieht, werden bei Fonds verschiedene Teilaspekte bewertet. Hier gibt es auch Unterschiede zwischen den einzelnen Rating-Agenturen. Standard & Poors beispielsweise unterscheidet zwischen Ratings für:-

## die Kapitalstabilität

Fonds-Ratings zur Kapitalstabilität werden an Fonds vergeben, deren Hauptziel die Stabilität des investierten Kapitals ist. Je höher die Fähigkeit eines Fonds zur Beschränkung von Verlusten durch Kredit-, Markt- oder Liquiditätsrisiken, desto höher das Rating.-

## die Kreditqualität

Durch Ratings zur Fondskreditqualität werden die Kreditrisiken von Obligationenfonds transparenter. Ein niedriges Rating sagt aus, dass der Fonds äußerst anfällig für Verluste durch Kreditausfälle ist.-

## Volatilität

Volatilitätsratings berücksichtigen insbesondere die Auswirkungen von Portfoliostrategien (z.B. über

Leverage, Hedging oder Derivate). Daneben gilt es zu unterscheiden, ob es sich um Produkt-Ratings handelt (beziehen sich auf die einzelnen Fonds), um Ratings der Fondgesellschaft oder sogar des Fonds-Managers.Der Investor muss alle diese Unterschiede kennen, und selbst entscheiden, welches Rating für ihn von Bedeutung ist. (7)

## Fonds-Ratings und tatsächliche Wertentwicklung

Das Rating bezieht sich auf bestimmte Performancemaße und die Ausfallwahrscheinlichkeit des Fonds. Die tatsächliche Wertentwicklung kann davon (rein theoretisch) abweichen. Ein gutes Rating ist demnach zwar ein Hinweis aber noch lange keine Garantie für eine gute Performance.
Aber selbst um die Wertentwicklung sauber zu erfassen, vergessen viele private Investoren, dass auch hier Abschläge für Risiko und Inflation zu machen sind, wenn die Anteile über längere Zeit gehalten werden sollen. Ob eine Investition lohnend ist oder nicht, kann also nicht ohne weiteres bestimmt werden. (4)

# Die meisten Fonds werden aufgrund von quantitativen Faktoren geratet

Grundsätzlich werden in das Rating zunächst quantitative Information miteinbezogen. Die Aufarbeitung erfolgt in der Regel in drei Schritten:
- der Fonds wird einer Anlagekategorie zugewiesen, diese kann z.B. nach Regionen gegliedert sein
- die risikoadjustierte Performance wird berechnet, d.h. dass die erzielte Rendite zu dem eingegangenen Risiko ins Verhältnis gesetzt wird. Zwei Fonds, die beispielsweise über einen bestimmten Zeitraum de facto die gleiche Rendite gebracht haben, werden unterschiedlich bewertet, wenn sie eine stark unterschiedliche Volatilität aufweisen
- Übertragung der numerischen Performancemessung in ein Rating-Symbol. Die Zuweisung einer bestimmten Performancekennzahl zu einer Rating-Kategorie ist von Agentur zu Agentur unterschiedlich. (6)

# Unterschiedliche Bewertungskonzepte und

## Sprachgebrauch erschweren die Vergleichbarkeit

Im Rahmen des Rating-Prozesses folgen die Agenturen verschieden Ansätzen und treffen eine Reihe von fachlichen Einzelentscheidungen, bis sie zu ihren Ergebnissen kommen. Die wichtigste ist sicherlich die Gewichtung von quantitativer zu qualitativer Bewertung. Aber auch die Zuordnung zu bestimmten Fonds-Klassen oder die Frage der Berücksichtigung von Währungsrenditen, die sich ebenfalls auf das Fonds-Ergebnis auswirken, aber nicht vom Fonds-Manager gesteuert werden, haben letztlich große Auswirkung auf das Fonds-Rating. Der Entscheidungsprozess dürfte den wenigsten Investoren transparent sein, und vermutlich haben sie auch kein Interesse diesen zu kennen. Der wesentliche Zweck eines Ratings besteht ja gerade in der Vereinfachung und Verdichtung auf das Wesentliche. Doch erst das Wissen um die unterschiedliche Herangehensweisen erlaubt eine vernünftige Einordnung der Rating-Ergebnisse.
Das Phänomen, dass derselbe Fonds von verschiedenen Rating-Agenturen stark unterschiedlich eingestuft wird (so genanntes Split-Rating) liegt in eben dieser individuellen Gewichtung der einzelnen Bewertungskriterien.
Nicht zuletzt werden auch die Begriffe Ranking und

Rating von verschiedenen Agenturen unterschiedlich ausgelegt. (8)

# Fallbeispiele

# Rating-Agentur Scope mit qualitativem Rating für Dachfonds

Einen umfassenden Überblick mit dazugehörigen Ratings legt die noch junge Agentur Scope für Dachfonds vor. Geratet wurden alle Dachfonds, die länger als drei Jahre auf dem Markt sind. Resultat: von 145 untersuchten Dachfonds waren lediglich 14 zu empfehlen.
Bei Dachfonds ist vor allem die Kostenstruktur ein kritischer Erfolgsfaktor. Der Käufer bezahlt nicht nur das Management des Dachfonds, sondern indirekt auch das Management jedes einzelnen Fonds in den der Dachfonds investiert ist. Das macht es für Dachfonds besonders schwer, rentabel zu sein. Dieser Besonderheit versucht Scope durch ein qualitatives Rating gerecht zu werden. (3), (1)

# Sauren Global Opportunities entdeckt profitable Nischenprodukte

Die Investitionsstrategie dieses Fonds beruht auf einem Rating der Fonds-Manager. Ausgesucht werden jeweils die Manager, die in den vergangenen drei Jahren Fonds mit überdurchschnittlicher Rendite gemanagt haben. (3)

# Weiterführende Literatur

(1) Dachfonds erleben Comeback Produkte mit eingebauter Risikostreuung sind gefragt - Problem mangelnde Transparenz - Tips für die Auswahl
aus DIE WELT, 21.10.2005, Nr. 246, S. 17

(2) Frey, H., Länder- und Regionenfonds/Zertifikate / Osteuropa stellt etablierte Märkte in den Schatten, Finanz und Wirtschaft, 28.09.2005, S. 45
aus DIE WELT, 21.10.2005, Nr. 246, S. 17

(3) Anspruchsvolle Aufgabe Ein neues Rating identifiziert die Top-Titel im Angebot von 145 Papieren. Einige Manager verfügen über eine hervorragende Spürnase. Ihre Portfolios versprechen gute Resultate. Dachfonds Rating
aus Capital vom 13.10.2005, Seite 164

(4) Klippen umschiffen Die meisten Anleger tappen beim Vermögensaufbau in dieselben Fallen. Die schlimmsten Fehler - und wie sie sich umgehen lassen. Zukunftssicherung Sparquoten Kardinalfehler
aus Capital vom 15.09.2005, Seite 134

(5) Wege durch das Rating-Dickicht Jedes Fonds-Rating folgt seiner eigenen Methode. Da fallen Vergleiche schwer
aus Financial Times Deutschland vom 30.09.2005, Seite BE4

(6) Renditeoptimierer oder Performancefalle?
aus Die Bank, Heft 09/2005, S. 12-16

(7) Nichols, F. / Sterner, P., Mit höheren Risiken zu besseren Erträgen / Risiken, Erträge und die Rolle von Ratings für Geldmarkt- und Obligationenfonds / In der Schweiz zugelassene Fonds unter der Lupe, Finanz und Wirtschaft, 28.09.2005, S. 28
aus Die Bank, Heft 09/2005, S. 12-16

(8) Glossar
aus DIE WELT, 13.10.2005, Nr. 0, S. 21

# Impressum

## Fonds-Ratings - welche Entscheidungshilfe bieten sie wirklich?

**Bibliografische Information der deutschen Nationalbibliothek**

Die Deutsche Nationalbibliothek verzeichnet diese Publikation in der deutschen Nationalbibliografie; detaillierte bibliografische Daten sind im Internet über http://dnb.d-nb.de abrufbar.

ISBN: 978-3-7379-0444-5

© 2015 GBI-Genios Deutsche Wirtschaftsdatenbank GmbH, Freischützstraße 96, 81927 München, www.genios.de

Alle Rechte vorbehalten. Dieses Werk ist einschließlich aller seiner Teile – z.B. Texte, Tabellen und Grafiken - urheberrechtlich geschützt. Jede Verwertung außerhalb der Grenzen des Urheberrechtsgesetzes bedarf der vorherigen Zustimmung des Verlags. Dies gilt insbesondere auch für auszugsweise Nachdrucke, fotomechanische

Vervielfältigungen (Fotokopie/Mikroskopie), Übersetzungen, Auswertungen durch Datenbanken oder ähnliche Einrichtungen und die Einspeicherung und Verarbeitung in elektronischen Systemen.